Ernest Duvergier de Hauranne

La République
et
les conservateurs

essai

ISBN : 978-1533555991

10 9 8 7 6 5 4 3 2 1

Ernest Duvergier de Hauranne

La République
et
les conservateurs

essai

Table de Matières

Introduction

Malgré les efforts que certains partis font pour l'égarer et pour l'effrayer sur son avenir, la France présente aujourd'hui au monde un étonnant spectacle. Elle n'a pas d'institutions établies, et elle s'en passe à force de sagesse : son gouvernement ne peut se maintenir que grâce à l'assentiment quotidien du pays ; il est remis en question tous les jours, et il se montre plus solide, plus robuste dans sa fragilité même que beaucoup de pouvoirs solennellement constitués et entourés de toutes les garanties légales. C'est qu'il s'appuie sur l'opinion publique, sur le patriotisme et sur le bon sens de la nation. Les factions qui voudraient le culbuter, et pour qui la tranquillité du pays est le plus grand des malheurs, s'écrient tous les jours que cela ne peut durer. En dépit de leurs prédictions, cela dure, cela se fortifie ; l'ordre règne, le travail renaît, nous refaisons nos finances, nous libérons notre territoire, et ce gouvernement de fait, ce misérable provisoire dont nos grands politiques raillent ou déplorent la faiblesse, trouve en deux ans 5 milliards à emprunter au nom de la France. En présence de ces résultats positifs, la nation reprend confiance, et elle se dégoûte des charlatans qui voudraient de nouveau la troubler pour se poser encore une fois en sauveurs.

Cependant « tout va mal. » Telle est la formule banale des partis dépossédés ou des ambitions mécontentes, et beaucoup d'honnêtes gens alarmés la répètent sans la comprendre. « Tout va mal » aux yeux des uns parce que l'empire est tombé, aux yeux des autres parce que la fusion n'a pas réussi, ou bien parce que le gouvernement porte le nom odieux et redouté de république. Les plus ignorans se plaignent des charges nouvelles, les plus raffinés demandent l'application rigoureuse de la théorie du régime parlementaire ; tous ensemble s'unissent pour reprocher au pouvoir de ne pas intervenir dans les élections législatives contre les candidats de l'opinion républicaine. A les en croire, nous roulons dans le radicalisme et dans l'anarchie ; nous sommes une nation perdue, et nous périrons comme la Pologne, si nous ne mous hâtons d'assurer notre avenir en nous mettant sous l'égide miraculeuse d'une monarchie de droit divin ou sous la tutelle immorale d'un grossier césarisme.

Ernest Duvergier de Hauranne

La vérité, c'est que tout va bien, aussi bien du moins qu'on pouvait l'espérer après des malheurs tels que les nôtres. Qu'on se reporte seulement à l'année dernière ; qu'on se rappelle l'état déplorable où le gouvernement actuel a trouvé la France : une moitié du territoire envahie, la capitale insurgée, le trésor vide, le désordre dans tous les services, le trouble dans les esprits, le pays menacé de dissolution, et au milieu de cette tempête, comme seul refuge de l'ordre légal et de la nationalité française, une assemblée élue à la hâte, ballottée de Bordeaux à Versailles, battue à la fois par la guerre étrangère et la guerre civile, sans autre puissance que celle de son droit. Que les conservateurs de bonne foi mesurent le changement qui s'est accompli depuis lors, et qu'ils nous disent quel autre gouvernement aurait pu mieux faire. Si l'inquiétude règne encore dans les esprits, la faute en est-elle au gouvernement, qui veut la calmer, ou aux partis, qui l'entretiennent pour s'en servir ? Si l'opinion publique se détourne un peu plus qu'il ne faudrait des idées conservatrices pour se rapprocher des opinions radicales, faut-il en accuser le gouvernement qui proclame la république conservatrice, ou les royalistes qui s'obstinent à confondre la cause conservatrice avec celle d'une monarchie à jamais répudiée par la France ? Si l'assemblée nationale elle-même est lasse de ces divisions et de ces combats stériles qui l'affaiblissent, la discréditent, et discréditent malheureusement avec elle les institutions parlementaires, pourquoi ne se résigne-t-elle pas à jeter l'ancre dans le port de la république conservatrice ? Ce sera un sujet d'étonnement pour l'histoire ; elle ne comprendra pas que des hommes modérés, qui devraient mettre l'intérêt national avant l'esprit de parti ou l'esprit de système se soient obstinés, après quinze révolutions, dans un pays dont l'existence même dépend de son repos, à empêcher un gouvernement honnête de s'établir, et que, dans leur dépit de ne pouvoir restaurer la monarchie, ils se soient faits les ennemis d'une république qu'ils pouvaient adopter et diriger eux-mêmes dans le sens des intérêts conservateurs.

Ce reproche ne saurait s'adresser aux partisans de la royauté légitime : croyants convaincus, fidèles serviteurs d'un principe inflexible, habitués de tout temps à penser qu'en dehors de leur église il n'y a point de salut, il est naturel qu'ils repoussent toute forme de gouvernement électif ; mais il y a dans le parti monarchique des hommes moins absolus, qui ne veulent de la monarchie elle-même que si elle s'incline devant les principes de la révolution française, et qui ont toujours professé une certaine indifférence philosophique entre les diverses formes de gouvernement. Voilà ceux qu'on s'afflige de trouver au premier rang des ennemis de la république, parmi les adversaires les plus passionnés d'un gouvernement dont le seul tort est de ne pas la trahir. Pendant longtemps, on a pu croire que cette hostilité était apparente, et qu'il n'y avait entre eux et le gouvernement qu'une espèce de dépit amoureux ; mais aujourd'hui la guerre est ouvertement déclarée, et il ne reste plus aucun doute sur les intentions de personne. D'un côté le gouvernement, soutenu par tous les hommes raisonnables qui veulent effacer les anciennes divisions et rallier toutes les opinions modérées sous le drapeau de la république ; de l'autre les imprudents et les ambitieux, qui, sous prétexte de rassurer les intérêts conservateurs, ne craignent pas d'exposer le pays à tous les dangers d'une révolution nouvelle. Si cette lutte se prolonge et s'envenime, il faudra bien, un jour ou l'autre, prendre le pays pour juge. En attendant que ce jour vienne, et sans vouloir en hâter la venue, il faut tâcher de voir clair dans la situation de la France, et de prendre un parti sur son avenir.

Partie I

L'empire, ce régime corrupteur qu'une presse éhontée essaie de glorifier encore, et qui, en vingt ans de prospérité et de pouvoir absolu, n'a su accomplir que la ruine et la dissolution morale de la France, avait eu un seul avantage : c'était de réunir tous les libéraux, sans acception d'origine, par l'horreur commune qu'il leur inspirait, et de cimenter, sous le nom d'*union libérale*, un parti d'opposition qui pouvait devenir à l'occasion un parti de gouvernement. Si, au lendemain de la chute de l'empire, l'ancienne opposition libérale était restée unie, comme le lui commandaient les circonstances, sous un drapeau impartial qui ne pouvait être que celui de la république, sans doute la France n'eût pas triomphé dans la lutte inégale où l'avait jetée l'absurde politique de l'empire ; mais du moins elle se serait retrouvée unie au lendemain de ses désastres, et elle les aurait plus facilement réparés.

Ernest Duvergier de Hauranne

C'est ce qui serait peut-être arrivé, si le gouvernement de la défense nationale avait eu le courage de faire les élections au début de la guerre. A cette époque, les élections auraient donné une assemblée où le patriotisme l'aurait emporté sur l'esprit de parti, tandis qu'après la dictature de Tours et de Bordeaux le pays, ayant à se prononcer sur la paix ou la guerre, se jeta dans les bras des ultra-conservateurs, qui voulaient lui rendre un régime suranné et impopulaire. Ce fut la crainte de la guerre à outrance et l'horreur de la politique jacobine qui produisirent ce revirement qu'on a nommé la réaction du 8 février. Entraînée contre son gré dans une politique violente qui ne pouvait que la perdre, la nation se rejeta dans un excès contraire, sans s'apercevoir qu'elle dépassait le but, et que les hommes à qui elle donnait sa confiance ne tarderaient pas à en abuser.

Les nouveaux maîtres de la France ne pouvaient se faire illusion sur la nature de leur mandat ; ils avaient été nommés pour faire la paix, et non pour restaurer la monarchie légitime. Néanmoins, leur première pensée fut de profiter de leur ascendant éphémère pour surprendre l'opinion du pays et rétablir le régime de leur choix. Tandis que les républicains semblaient chercher dans nos malheurs je ne sais quelle popularité de mauvais aloi, et qu'ils refusaient de consentir à une paix douloureuse, mais nécessaire, les royalistes semblaient découvrir dans ces mêmes malheurs l'occasion d'une revanche et d'un succès inespéré. Ils se mirent à l'œuvre avec une incroyable légèreté. L'ancienne entreprise de la fusion, qui dormait depuis longues années, fut reprise avec ardeur. On oublia les divisions de la patrie pour ne plus s'occuper que de la réconciliation des princes. Nos morts et nos blessés n'étaient pas encore relevés des champs de bataille, que déjà les ambitions impatientes des partis trafiquaient du corps de la France, sans se douter qu'elles allaient fournir des armes redoutables aux discordes civiles, et qu'elles compromettaient le salut du pays en affaiblissant par de petites intrigues l'autorité d'un pouvoir qui était la seule image de l'ordre et de la loi.

C'était là un jeu dangereux, car, à supposer même qu'il fallût se débarrasser de la république, il ne fallait pas faire blanc de son épée avant d'être assuré du succès. Beaucoup de gens regrettent encore que les élus du 8 février n'aient pas poussé la témérité jusqu'au bout, et proclamé la monarchie à Bordeaux en même temps qu'ils signaient le traité de paix. Ils avaient là, disent-ils, une occasion qu'ils ne retrouveront plus. Cette hésitation, qu'ils se reprochent tardivement, sera leur principal titre d'honneur et leur grande excuse aux yeux de l'histoire. Si leur conduite n'avait point été plus sage que leurs paroles, Dieu sait maintenant où en serait la France. Le rétablissement de la royauté à Bordeaux eût été le signal de la guerre civile et, de la dissolution du pays. La *commune* se serait emparée de toutes les grandes villes, elle aurait soulevé jusqu'aux campagnes, et nous n'aurions eu d'autre ressource contre elle que de livrer le reste de la France aux armées étrangères. Bien loin de regretter cette bonne occasion perdue, il faut remercier l'assemblée nationale d'avoir su résister à la tentation, et d'avoir accepté sans trop se faire prier la trêve patriotique que M. Thiers lui offrit alors, et qui a reçu par la suite le nom de pacte de Bordeaux.

On a voulu voir dans le pacte de Bordeaux une espèce de constitution provisoire par laquelle le chef du pouvoir exécutif se serait engagé à suspendre les mouvements de l'opinion publique, et à réserver tout entière la question de la forme du gouvernement pour le jour où il plairait à l'assemblée de la trancher. On oublie que l'exécution d'un tel engagement, quand même il l'aurait contracté, n'était pas en son pouvoir. Le pacte de Bordeaux n'était pas un simple ajournement de la restauration de la royauté. C'était une promesse de neutralité entre les partis, de respect pour la représentation nationale et d'obéissance à la volonté du pays. C'était un appel, bien nécessaire alors, à la sagesse et à la modération de tous les partis, trop pressés de donner une solution irréfléchie à des difficultés que le temps seul pouvait résoudre. C'était un expédient de génie pour empêcher la France de périr, et non pas un système constitutionnel à l'abri duquel la république et la monarchie pussent être mises en présence comme de simples partis parlementaires, et préluder chaque jour par des tournois oratoires à un combat annoncé d'avance et prêt à s'engager à toute heure, à la première occasion favorable offerte par les événements. Le pacte de Bordeaux, pour être rigoureusement observé, exigeait le silence et presque l'abdication des partis ; mais, s'il n'imposait pas silence à la majorité royaliste de l'assemblée, il ne pouvait l'imposer non plus à la majorité républicaine du pays. Quand M.

Thiers promettait de tenir la balance égale entre tous, il ne pouvait empêcher l'opinion d'incliner d'un côté ou d'un autre, ni assurer aux royalistes élus le 8 février la conservation de leur majorité d'un jour. Il ne leur jurait pas de servir leurs passions et de s'attacher à leur cause, il leur jurait seulement de ne pas nier leurs droits, de ne rien entreprendre contre leur autorité souveraine, de ne pas les en dépouiller par la force, et de leur rendre intact le dépôt qu'ils lui avaient confié sitôt qu'ils le lui redemanderaient. Son devoir était non pas de fonder la république ou la monarchie, mais d'assurer au pays la liberté du choix et d'être le gardien de la souveraineté nationale contre quiconque menacerait de lui faire violence.

Ces engagements n'ont-ils pas été tenus fidèlement ? L'assemblée nationale n'est-elle pas aujourd'hui ce qu'elle était hier ? Aucune atteinte a-t-elle été portée à son autorité ? N'est-elle pas libre en fait de constituer la monarchie, si elle l'ose, de renverser le pouvoir exécutif, si elle se croit en mesure de le remplacer utilement ? Quelle est donc l'usurpation qui a été commise par le président de la république ? Ne vient-il pas tous les jours, dédaignant l'espèce d'inviolabilité que l'assemblée lui avait conférée l'année dernière pour tout le temps de sa propre durée, revendiquer devant elle l'entière responsabilité de ses actes, et lui rendre compte du gouvernement comme son mandataire ? Bien loin d'avoir rompu le pacte de Bordeaux, ce qu'on pourrait reprocher à M. Thiers, c'est de s'y maintenir avec trop de scrupule, c'est de trop oublier son rôle de chef d'état et de président de la république pour se réduire à celui de simple ministre parlementaire délégué par l'assemblée, et prêt à se retirer tous les jours devant elle, si elle désapprouve sa conduite. Quant à l'opinion du dehors, le gouvernement n'en est pas le maître ; il n'a pas à la diriger, il ne lui est pas même interdit de l'exprimer quand il la partage. Il lui est tout au moins permis de se défendre par la parole quand on essaie de le renverser. Ce serait la première fois qu'un gouvernement n'aurait pas eu le droit d'avoir son avis sur les affaires publiques, et de s'appuyer sur ceux qui le soutiennent contre ceux qui le combattent. Si telle devait être la signification du pacte de Bordeaux, ce contrat serait une absurdité qui n'aurait de nom dans aucune langue, et auquel un gouvernement de passage, sans droits positifs, sans garanties légales, aurait pu souscrire moins que tout autre en présence des adversaires qui l'attaquent.

Le vrai sens du programme de Bordeaux, M. Thiers l'exprimait, il y a plus d'un an, en disant que l'avenir appartenait au plus sage. Dans ce concours de sagesse et de modération, il ne saurait y avoir qu'un juge, c'est le pays. C'est la nation et non pas le gouvernement qu'il s'agissait de gagner à la monarchie. Puisque le parti royaliste comprenait à Bordeaux l'impossibilité d'une tentative monarchique, puisque aujourd'hui encore il n'ose pas la faire, il eût été habile de sa part en même temps qu'honnête de ne pas troubler le pays de ses espérances, et de ne pas annoncer tous les jours une révolution qui ne pouvait s'accomplir. S'il s'était résigné à soutenir le gouvernement qu'il s'était choisi, sans le chicaner sur le nom, sans lui rappeler à chaque instant sa sujétion, sans lui faire un devoir de se trahir lui-même, il aurait conservé sur le pays une grande partie de son ancienne influence. En soutenant la république de fait, il se la serait appropriée ; il aurait réservé toutes ses chances pour la grande et solennelle épreuve des élections futures, et quand même la monarchie, qui est son gouvernement de prédilection, aurait succombé dans cette épreuve, il aurait eu la consolation de voir s'élever à sa place une république sage, modérée, conservatrice, au gouvernement de laquelle il aurait pris part dans une large mesure, qu'il aurait préservée des excès et des utopies, et avec laquelle il aurait fini par se réconcilier de bon cœur.

Est-ce là l'édifiant spectacle auquel nous font assister depuis un an les champions de la monarchie parlementaire ? Assurément ils n'ont rien renversé, mais ce n'est pas faute d'agitations et d'intrigues. Que de coalitions avortées, que de manifestes manqués, que de *fusions* prises et reprises, tantôt sous le drapeau blanc, tantôt sous le drapeau tricolore, que de voyages à Anvers, de promenades à la présidence, de propositions faites aux chefs de l'armée, que de formes diverses de complots et de batailles parlementaires, pour tout dire en un mot, que de coups d'épée dans l'eau dirigés contre la république, et qui n'ont eu pour effet que d'augmenter l'influence des républicains radicaux au détriment des républicains modérés ! On ne saurait assister sans tristesse à ce déplorable gaspillage des forces conservatrices du pays. La politique des chefs de la droite n'a été depuis un an qu'un mélange de bravades sans effet et de mesquins subterfuges indignes d'un grand parti

Ernest Duvergier de Hauranne

qui prétend gouverner l'opinion de la France. C'est une politique de ruse maladroite et de mauvaise humeur impuissante. Jamais le gouvernement n'est attaqué en face ; mais on lui tend chaque jour quelque piège où l'on espère entraîner ses amis. On s'amuse à l'outrager pour se venger de. le maintenir ; on n'ose pas le renverser, faute de pouvoir en mettre un autre à sa place, mais on s'en console en travaillant à l'affaiblir. Quant à la monarchie, ne pouvant la refaire, on se contente d'en parler tous les jours. On décerne à l'assemblée le vain titre de constituante pour le brandir comme une menace sur la tête de la république, sans pouvoir en réalité rien constituer du tout.

Et l'on s'étonne que le pays se dégoûte du régime parlementaire pour mettre sa confiance dans un seul homme ! On se plaint que les républicains gagnent tout le terrain perdu par les conservateurs et les modérés de toute nuance ! Le succès des radicaux dans les élections semble un complot du gouvernement contre l'assemblée ; la sagesse même des républicains et leur modération récente paraissent l'effet d'une noire perfidie. On dénonce à grand bruit l'hypocrisie de ces loups ravisseurs, qui font semblant de protéger la bergerie pour s'en rendre maîtres. — Mieux vaudrait simplement les dépasser en sagesse et en loyauté ; mieux vaudrait comprendre, au lieu de s'en irriter davantage, la signification des élections radicales et les avertissements qu'elles contiennent. Puisqu'il y a dans l'avenir un danger sérieux, il ne faudrait pas l'aggraver à plaisir par une obstination coupable. Oui vraiment, ils sont coupables envers le pays, ceux qui compromettent les véritables intérêts conservateurs en les liant à de détestables intrigues, à de pitoyables rancunes et à des opinions surannées.

Est-ce bien, comme on l'en accuse, le gouvernement qui manque à son devoir, en refusant aux hommes de la droite de ressusciter pour eux les candidatures officielles de l'empire ? Voilà, il faut l'avouer, un singulier reproche dans la bouche des libéraux qui les ont toujours combattues, et qui ont toujours professé avec raison que le remède aux dangers du suffrage universel était non pas dans une corruption ou dans une intimidation grossière, mais dans une plus sérieuse instruction politique, et dans un plus large exercice de la liberté électorale. C'est cependant au nom des doctrines parlementaires qu'ils viennent aujourd'hui réclamer cette protection humiliante. Le gouvernement, disent-ils, est le délégué du parlement, l'organe de la majorité parlementaire ; il doit la servir et la défendre contre les minorités factieuses qui essaient de la battre en brèche.

Vous êtes, dites-vous, la majorité parlementaire ? Et d'abord en êtes-vous bien sûrs ? Une majorité a un but, une doctrine, des chefs reconnus. Jusqu'à présent, on ne vous a vus réunis que pour une seule chose : empêcher l'établissement de la république ; mais, dès qu'il s'agit de fonder, vos divisions reparaissent. Vous n'êtes qu'une majorité négative, et c'est le secret de votre impuissance. Or dans ce pays qui a vu tant de révolutions différentes, et où chacune a laissé derrière elle un parti qui la représente, aucun gouvernement ne peut se flatter de s'appuyer sur une majorité sérieuse, tant que les vieux partis n'auront pas disparu. Vous perdez beaucoup de temps et de peines à préparer des fusions entre les familles royales et à négocier des alliances entre les personnes princières. Avant de faire la fusion entre les personnes, c'est entre les partis qu'il faudrait la faire. C'est un grand parti national qu'il faudrait essayer de fonder avec les débris des factions qui nous désolent. En attendant, il ne peut pas y avoir de véritable majorité dans une assemblée française ; il n'y a que des majorités de circonstance, et M. Thiers avait raison de vous dire qu'il n'en connaissait pas d'autre que celle qui se révélait par les votes.

Quant aux principes parlementaires, vous les invoquez tous les jours, mais vous les méconnaissez étrangement. Vous oubliez que l'assemblée elle-même, avec ses pouvoirs illimités et le droit absolu de souveraineté qu'elle s'arroge, est la négation vivante du régime constitutionnel. Dans quelle monarchie parlementaire avez-vous vu la représentation nationale investie de tous les droits souverains, libre de définir elle-même son mandat, libre aussi d'en fixer la durée ? Sous tous les régimes parlementaires, il faut des garanties contre le parlement lui-même : c'est tantôt le droit de *veto* qui suspend les décisions législatives, tantôt le droit de dissolution qui permet au gouvernement d'en appeler au pays. Partout les assemblées ont des attributions régulièrement définies, un renouvellement périodique dont le terme est déterminé par la loi. Sans ces légitimes précautions, le gouvernement parlementaire pourrait devenir le plus dangereux des despotismes, celui d'une

Ernest Duvergier de Hauranne

convention irresponsable se perpétuant malgré le pays dans l'exercice souverain de tous les pouvoirs.

Rien de pareil n'est à craindre de l'honnête assemblée qui siège à Versailles ; néanmoins entre le régime parlementaire et celui qu'elle représente, il n'y a rien de commun que le nom. C'est véritablement un singulier phénomène que de voir tant de savants docteurs dans la science politique se payer de mots avec une entière bonne foi, et réclamer avec assurance les prérogatives dont jouissent les assemblées dans les pays où le pouvoir exécutif et la nation elle-même ont contre eux des garanties inscrites dans la loi. « Nous voulons, disent-ils, un cabinet homogène, des ministres responsables choisis dans la majorité, qui soient les instruments de notre politique et les agents de nos candidatures ; si nous ne sommes pas certains d'être la majorité du pays, nous sommes la majorité parlementaire, et nous avons droit au gouvernement. » On dirait, à les entendre, qu'il y a dans les mots une vertu mystérieuse, et qu'il suffit de s'appeler parlement pour avoir le droit de mépriser l'opinion publique. Cette façon de comprendre le gouvernement représentatif n'est pas tout à fait neuve, elle a eu des antécédents sous la monarchie de 1830 et surtout sous l'empire, qui en a fait au suffrage universel une application des plus grandioses ; mais elle ressemble au vrai gouvernement parlementaire comme le régime des plébiscites impériaux ressemble à la vraie démocratie. « Eh ! messieurs, — pourrait-on dire à ces faux dévots du parlementarisme, — vous connaissez très bien la lettre de votre loi, mais vous en avez oublié l'esprit. Si les choses sont telles que vous le dites, et si la majorité de l'assemblée n'est plus la majorité du pays, ce n'est pas au gouvernement que vous avez droit, c'est à la dissolution. En attendant qu'elle soit possible et que vous vous y résigniez vous-mêmes, trouvez bon que le gouvernement use des seules ressources que vous lui avez données. La toute-puissance de l'assemblée n'a d'autre frein, dans ses écarts, que l'influence et l'autorité personnelle du chef de l'état. Il est nécessaire qu'il en use, et, s'il n'en fait pas toujours un bon usage, il dépend de vous d'y mettre ordre en prenant le pays pour arbitre. »

Même sous le régime parlementaire, là véritable souveraineté appartient à la nation. L'empire lui-même le reconnaissait, au moins en paroles, et il serait singulier que les théoriciens de la monarchie constitutionnelle se montrassent moins libéraux que l'empire. Le gouvernement parlementaire n'est qu'une des formes du système représentatif, et il est vicie dans son application dès qu'il est faussé dans son principe. Ce qui fait l'autorité du parlement dans un état libre, ce ne sont pas les formes dont il s'entoure, c'est la force de l'opinion publique, dont il est la représentation présumée. Sitôt qu'il y a doute, le parlement s'en va. Voilà comment l'entendent les Anglais, dont on invoque à tort l'exemple, car ils ont peine à comprendre les prétentions et les subtilités byzantines de nos parlementaires français. A leurs yeux, le devoir du pouvoir exécutif est non point de suivre aveuglément les assemblées dans toutes leurs erreurs, mais de rester d'accord avec l'opinion et de s'appuyer sur elle toutes les fois qu'un conflit s'élève entre le parlement et le pays.

Qu'est-ce d'ailleurs que ce *gouvernement personnel*, qui est devenu dans l'assemblée la bête noire de toutes les ambitions mécontentes ? Qu'est-ce que cette prétendue tyrannie d'un pouvoir qu'on peut mettre à la porte à chaque instant en cinq minutes, et qui ne se maintient que par l'assentiment quotidien de la majorité ? — Rien de plus naturel assurément, disons même de plus légitime, que l'espèce de jalousie de métier qui règne entre le gouvernement et l'assemblée, et il faudrait connaître bien peu la nature humaine pour en être surpris ; mais de quoi se plaint-on en définitive, puisqu'on reste maître de tout faire ? Si M. Thiers a quelquefois tort d'exercer sur ses partisans une certaine violence morale, ses adversaires, qui la subissent également, ne s'y résignent que parce qu'ils le veulent bien. Ce despotisme de fait est dans la nécessité des choses, dans la force des circonstances, qui obligent l'assemblée à conserver un gouvernement indispensable à la paix publique. Que ce sacrifice soit quelquefois pénible, cela est certain ; qu'il faille un vrai patriotisme pour le faire, cela est certain encore. Peut-être cependant aurait-il plus de valeur, s'il était consenti de meilleure grâce, — si chacun reconnaissait sans vaines récriminations qu'il fait au gouvernement une concession volontaire, accomplie dans toute l'indépendance et toute la plénitude de sa raison. Rendons à l'assemblée l'hommage qu'elle mérite : elle est vertueuse en dépit de toutes les tentations ; mais avouons en même temps qu'elle ne sait pas rendre la vertu aimable, qu'elle ressemble à ces épouses

Ernest Duvergier de Hauranne

honnêtes qui regrettent leur fidélité conjugale, et qui s'en vengent tous les jours par des querelles ou des menaces.

Si la majorité n'ose pas se décider à chasser M. Thiers du gouvernement, qu'elle s'en prenne à sa propre prudence ; mais qu'elle n'en accuse pas M. Thiers lui-même. Il n'y a pas ici de pouvoir personnel, puisque le chef de l'état ne cesse pas d'être responsable, il n'y a qu'une simple intervention personnelle, ce qui est tout autre chose, et ce que n'ont jamais interdit les règles du gouvernement parlementaire. Est-ce que, sous tous les régimes libres que nous avons connus, le chef du cabinet n'exerce pas une action personnelle et prépondérante ? Or le président est le premier ministre de l'assemblée, il a la réalité du pouvoir exécutif, et personne ne saurait avoir la ridicule prétention de le réduire au rôle d'un souverain constitutionnel. M. Thiers n'est pas un roi héréditaire, c'est un magistrat électif investi de la confiance du pays, chargé de tout le fardeau et de toute la responsabilité du pouvoir, choisi non pas seulement pour prêter au gouvernement le lustre de son nom, mais pour diriger lui-même les affaires, comme le premier de nos hommes d'état et le meilleur de nos patriotes. Est-ce bien sérieusement qu'on voudrait en faire une sorte de figurant politique, armé d'une autorité illusoire, ou, comme le disait Napoléon Ier dans son langage soldatesque, un *cochon à l'engrais* L'a-t-on nommé seulement pour s'en servir comme d'une garantie constitutionnelle et le placer au sommet de l'état comme un vieux drapeau au sommet d'un édifice public, flottant au hasard à tous les vents ? Il serait curieux que dans un pays où les rois eux-mêmes ne se contentent pas volontiers de ces fonctions honorifiques, le seul homme qu'on voulût y réduire fût un simple citoyen, l'un des premiers hommes d'état de l'Europe. Souvent dans la monarchie parlementaire, le maintien d'un ministre est jugé indispensable par ceux même qui ne l'approuvent pas en toutes choses et qui ne le suivent qu'à regret : M. Thiers est ce ministre indispensable, et son gouvernement est celui de la monarchie parlementaire, moins le souverain, représenté aujourd'hui par la nation, dont il possède la confiance.

Mais le cabinet n'est pas homogène ; — peut-il l'être quand l'assemblée elle-même est déchirée en quatre ou cinq partis différents ? Mais le président n'y appelle que ses amis ; — veut-en par hasard qu'il y installe ses adversaires ? Mais ses collègues ne lui résistent pas assez ; — n'est-il pas le président du conseil des ministres ? Mais la majorité n'y a pas obtenu sa part ; — est-ce le moment de se livrer à la chasse des portefeuilles ? Mais M. Thiers ne devrait pas menacer l'assemblée de sa démission. — Oui, sans doute, il aurait tort d'abuser de cette menace ; cependant on ne saurait lui contester le droit de la faire ; il n'y a pas de principes parlementaires qui interdisent à un pouvoir responsable de mettre aux gens le marché à la main. M. Thiers ne donnera pas sa démission parce qu'il se doit à la France ; mais ceux qui l'y provoquent sont cent fois plus coupables. L'espoir des bons citoyens est dans l'union du pouvoir exécutif et de l'assemblée ; pourtant, s'il fallait choisir, il n'est pas un homme de bon sens qui ne préférât la dissolution de l'assemblée à la retraite actuelle du président de la république.

Est-ce à dire qu'il faille poursuivre en ce moment la dissolution de l'assemblée nationale ? Gardons-nous bien de commettre une pareille faute et de courir de tels hasards sans une nécessité rigoureuse. Sans doute la dissolution n'est pas en elle-même une entreprise factieuse, c'est une opinion parfaitement licite, et ceux des membres de l'assemblée qui craignent de ne pas être réélus ont seuls le droit d'y voir un attentat contre la souveraineté nationale ; mais une telle mesure, adoptée dans les circonstances présentes, serait inopportune et presque dangereuse. L'assemblée n'a pas encore terminé sa tâche, puisque le territoire n'est pas affranchi ; le pays lui-même a besoin de repos. Toute agitation politique et tout changement de gouvernement qui pourrait s'ensuivre fourniraient à l'Allemagne un prétexte pour aggraver ses exigences et pour nous demander de nouveaux gages. « Il ne faut pas, disait le président Lincoln, changer les chevaux pendant qu'on passe le gué. » Le consentement même de l'assemblée ne pourrait lui être arraché que par la violence ou par une pression morale équivalente à la violence. Pour la décider à se dissoudre, il faudrait ameuter contre elle les passions populaires, et exercer sur elle une intimidation déplorable. Dans ces conditions, la France se partagerait entre la démagogie et la réaction. Les extrêmes resteraient seuls eu présence, et les opinions modérées succomberaient partout. Non, la dissolution de l'assemblée n'est pas possible avant la complète libération de notre sol. Alors elle s'accomplira pacifiquement,

Ernest Duvergier de Hauranne

sous l'empire d'une nécessité reconnue et du consentement de l'assemblée elle-même, sinon sans regrets et sans terreurs, du moins sans colère et sans murmure. Le gouvernement n'aura pas besoin d'exercer sur l'assemblée une intimidation morale ; il lui suffira de venir dire que le pouvoir exécutif, délégué de l'assemblée, associé par elle à sa durée, considère sa tâche comme terminée. Il donnera le choix à l'assemblée de se retirer avec lui ou de gouverner sans lui, et l'assemblée, qui sentira au fond l'excellence du conseil, ne pourra s'empêcher de le suivre.

Pour obtenir plus tard cet acte de sagesse, il ne faut pas essayer de l'emporter dès à présent de vive lutte. Il faut beaucoup de ménagements pour manœuvrer sans accident au milieu de la confusion de notre droit public. Si l'on reprochait à l'assemblée de prolonger indûment son mandat, elle pourrait répondre qu'elle a reçu du pays un blanc-seing, et qu'elle a le droit d'y inscrire ce qui lui convient. Il s'agit donc ici non pas de déterminer ses droits, mais de lui faire sentir les limites de son pouvoir. Toute autorité, quoique souveraine, doit encore se soumettre à la force des choses. L'assemblée nationale ne fera pas exception quand son heure sera venue.

Partie II

Puisque la dissolution est impraticable en ce moment, pourquoi n'essaierait-on pas de mettre un terme aux inconvénients du provisoire en faisant une constitution définitive ? Pourquoi ne conviendrait-on pas de s'en rapporter au choix de l'assemblée et de soutenir unanimement les décisions qu'elle aurait prises ? Ainsi pensent, de part et d'autre, beaucoup de bons esprits, fatigués des incertitudes et préoccupés avant tout de bien définir les pouvoirs, pour revenir à la pratique normale du régime parlementaire. Ils ne se dissimulent point d'ailleurs que, la monarchie étant impossible, c'est à la république qu'il faut recourir.

Un tel acte de résolution a toujours été difficile dans cette assemblée ; il serait à peu près impossible aujourd'hui. Elle est trop divisée pour oser prendre un parti dans des questions si graves ; autant vaudrait tirer au sort entre les diverses formes de gouvernement et les diverses dynasties qui se disputent la couronne. Comme tous les caractères faibles, ce que l'assemblée redoute le plus, c'est d'engager l'avenir. Elle a eu dès l'année dernière, à l'occasion de la proposition Rivet, une excellente occasion d'accepter ou de rejeter la république. Elle ne l'a pas repoussée tout à fait, mais elle y a mis des restrictions et des commentaires qui étaient à cette concession les trois quarts de sa valeur. On se souvient en effet qu'elle ne s'est résignée à consacrer le titre de président de la république que parce qu'elle regardait cette appellation comme un vain mot, et qu'à ses yeux la question de la forme du gouvernement subsisterait tout entière après comme avant. L'acharnement puéril que l'on met encore aujourd'hui à qualifier la république de provisoire, l'amour tardif que l'on éprouve pour le pacte de Bordeaux après l'avoir maudit si longtemps, prouvent que l'assemblée n'est pas disposée à voter une constitution républicaine, et qu'à défaut d'une monarchie elle se réfugiera probablement dans le provisoire autant qu'elle pourra s'y maintenir.

Il y a un an, il est vrai, qu'elle s'est décorée du titre de constituante pour se dédommager d'avoir accordé le titre de président au chef de l'état ; mais ce titre, encore plus que l'autre, est resté pour elle un vain mot. Son droit abstrait n'était guère contestable ; en voulant le proclamer, elle n'a réussi qu'à démontrer son impuissance. Depuis un an, la France attend l'exécution de cette promesse, ou plutôt elle a cessé de l'attendre, et elle n'y pense même plus. La constitution est indéfiniment ajournée, comme le couronnement de l'édifice l'était sous l'empire. L'assemblée elle-même sent très bien qu'après avoir si longtemps navigué sous pavillon neutre, il est bien tard pour arborer ses couleurs. Toute constitution qu'elle essaierait de faire marquerait d'ailleurs la fin de ses pouvoirs ; ce serait une sorte de testament final après lequel sa succession serait ouverte, et dont rien ne lui garantirait l'observation. Personne ne prendrait au sérieux ce dernier effort d'un pouvoir expirant pour essayer d'enchaîner la volonté nationale et de s'emparer de l'avenir. Ses héritiers seraient les premiers à déchirer son ouvrage pour le recommencer. D'ailleurs la majorité serait trop incertaine, trop partagée, pour que son choix eût la moindre autorité sur le pays. Soit dans un sens, soit dans l'autre, elle manquerait de force et de prestige. Qu'on se figure la république ou la monarchie proclamée à la différence

Ernest Duvergier de Hauranne

de vingt voix ! Que de luttes, que d'agitations, que de provocations, que de colères, pour aboutir à ce résultat mesquin, d'où sortirait peut-être une guerre civile ! Dans tous les cas, que d'incohérences, que de compromis fâcheux entre des opinions contraires, que de résistances systématiques à prévoir de la part des vaincus ! Quant à l'ingénieux procédé d'une constitution anonyme, s'appliquant indifféremment à la république ou à la monarchie, de sorte que l'assemblée actuelle aurait posé les bases du gouvernement, et qu'il ne resterait à l'assemblée prochaine qu'à lui donner un nom, c'est un spirituel paradoxe mêlé de quelque naïveté. Les institutions qui conviennent à la monarchie ne conviennent pas toutes à la république. Quelle que soit celle des deux qu'on préfère, il ne faut pas se flatter de les introduire *incognito* dans la place. On s'exposerait d'ailleurs à d'étranges surprises le jour où il faudrait jeter le masque et avouer leur vrai nom.

On le voit, il est plus facile de parler d'une constitution que d'en faire une. Le programme le plus naturel et le plus conforme aux circonstances était encore celui de Bordeaux, devenu quelques mois plus tard celui des élections du 2 juillet : l'union provisoire de tous les partis sous un gouvernement purement national, et l'ajournement des questions constitutionnelles aux élections de la future assemblée. C'est encore à ce programme que les conservateurs de bon sens devraient revenir. Cependant, s'ils croient pouvoir mieux faire, s'ils croient pouvoir régler définitivement les destinées de la France, qu'ils en fassent l'essai, — nos vœux les accompagnent dans cette entreprise, pourvu qu'ils comprennent une bonne fois l'impossibilité matérielle de la monarchie et la nécessité de la forme républicaine pour rallier autour d'eux la majorité de la nation.

C'est à cette condition seulement qu'ils peuvent réussir toute autre espérance serait une illusion coupable, car elle ne pourrait se réaliser que par des moyens malhonnêtes. Avec quoi prétendraient-ils entreprendre la restauration de la royauté ? Est-ce avec l'opinion publique ? Elle leur est contraire. Avec l'armée ? Ce n'est pas de ce côté qu'elle incline, et d'ailleurs ils sont trop honnêtes gens pour faire des coups d'état. Avec la majorité de l'assemblée ? Elle est divisée elle-même sur le choix du prince. Après tant de pourparlers, de voyages, de protocoles et de manifestes, on a reconnu qu'il n'y avait pas d'union possible entre l'ancien régime et la révolution, entre la monarchie du droit divin et la royauté populaire, les uns ne voulant tenir la couronne que de la souveraineté nationale, les autres ne voulant pas devenir « les rois légitimes de la révolution. » Les deux partis ont la même haine, mais ils n'ont pas de principes communs. Après dix-huit mois d'efforts pour renverser la république, ils ne sont même pas arrivés à vendre, comme dit le proverbe, « la peau de l'ours avant de l'avoir tué. » Comment supposer d'ailleurs que cette royauté jugée impossible à Bordeaux, en pleine réaction contre le gouvernement du 4 septembre, jugée encore une fois impossible à Versailles au lendemain des horreurs de la commune, cette royauté dont le seul nom nous aurait perdus alors, devienne tout à coup facile aujourd'hui, quand la république a pris racine dans le pays, et qu'à côté du *spectre rouge*, jadis tant exploité par l'empire, les intrigues et les imprudences du parti royaliste ont élevé» au profit du parti radical un *spectre blanc* non moins redouté et non moins détesté que l'autre ? Il ne faut pas d'illusions : jamais le moment n'a été plus défavorable pour une restauration monarchique. Le seul parti qui ait fait du chemin est celui de la république radicale, et la faute en est aux reconstructeurs de trônes, qui depuis un an se donnent si charitablement la peine de faire ses affaires en indisposant et en effrayant le pays.

Que les conservateurs se résignent donc à la république, — qu'ils triomphent de leurs molles répugnances pour ce régime de concurrence et de liberté qui les oblige à se défendre eux-mêmes, — qu'ils agissent sur l'opinion, au lieu d'intriguer dans les salons et dans les couloirs de l'assemblée, — qu'ils acceptent hardiment les conditions de l'existence politique des sociétés modernes, — qu'ils renoncent à cette vaine protection du principe héréditaire, qui n'est plus aujourd'hui en France qu'une cause de division et un danger de plus ; qu'ils fassent ce sacrifice à la paix publique et à leur propre sécurité. C'est le moyen de disputer aux radicaux l'influence électorale et de les empêcher d'arriver demain au pouvoir. Tant qu'on ira porter des drapeaux blancs à Anvers et des adresses à Chislehurst, — tant qu'on ira pleurer, après chaque défaite, dans l'antichambre du président de la république, et s'adresser à lui comme à une providence, quitte à le maudire et à l'injurier lorsqu'il ne fait pas de miracles, — tant qu'on se contentera de gémir sur la corruption du siècle et de proclamer dans les grands jours. Henri

Ernest Duvergier de Hauranne

Y à la tribune de l'assemblée nationale, on ne fera que prêter des forces nouvelles au parti que l'on veut combattre, et lui livrer le gouvernement du pays en lui donnant l'occasion de le défendre.

Tant de sagesse est bien difficile dans un pays comme le nôtre, où les partis ressemblent à des sectes religieuses, et où les opinions politiques ne sont la plupart du temps que des préjugés, des terreurs ou des haines. Chez nous, les mots et les formes ont dans tous les partis une incroyable importance, et l'on s'y attache d'autant plus qu'ils dispensent de raisonner. Ainsi la république est pour bien des gens le symbole même du désordre et le synonyme de l'anarchie ; la monarchie en revanche est un talisman merveilleux qui préserve de tous les accidents et qui fait infailliblement le bonheur des peuples. Pour beaucoup de républicains au contraire, le nom seul de la monarchie est une chose abominable, et la république est un âge d'or qu'il suffit de proclamer pour en jouir. Ce sont là de part et d'autre des exagérations puériles, des superstitions ridicules et souvent fatales, que les hommes politiques sérieux devraient combattre au lieu de les encourager et de s'en servir. Ni la république, ni la monarchie n'a le don des miracles ; ni l'une ni l'autre de ces deux formes de gouvernement n'est incompatible avec l'ordre légal, avec la saine liberté et avec la paix sociale. Toutes les deux valent exactement ce que valent les nations qui les adoptent. La monarchie peut être démagogique, tout comme la république peut devenir conservatrice. Comme gouvernement arbitraire, l'une ne vaut pas mieux que l'autre ; comme gouvernement libre, chacune a ses inconvénients et ses avantages. Dire que la république est impossible en France, c'est dire que la France est perdue, car, s'il est un pays où les conservateurs soient incapables de se sauver eux-mêmes sans le prestige artificiel d'une monarchie de théâtre, non-seulement la république ne peut s'y établir, mais aucune monarchie solide ne parviendra jamais à s'y fonder.

Demandez aux Anglais s'ils préfèrent la monarchie ou la république : ils vous diront que la monarchie est préférable ; mais demandez-leur s'ils sont incapables de vivre en république, et ce qui leur arriverait, si la famille royale venait à s'éteindre : ils ressentiront cette question comme une injure. Quoiqu'ils aient à un plus haut degré que nous le culte de la royauté, ils savent bien que leur existence ne dépend pas d'une famille, mais qu'elle repose sur l'ensemble de leurs institutions et de leurs mœurs publiques. Ils tiennent à la monarchie, parce qu'elle est chez eux traditionnelle, peut-être aussi parce qu'elle possède dans le libre jeu du système parlementaire une réelle supériorité sur la république. Les rouages de la monarchie parlementaire sont, au point de vue de la mécanique constitutionnelle, plus parfaits que ceux de la république élective. C'est une machine plus délicate, mais dont les mouvements sont plus faciles et plus rapides, et les secousses plus rares, tant que la résistance ne vient pas du monarque. Ce souverain « qui règne et ne gouverne pas, » ces ministres incessamment responsables, ces assemblées toujours sous le coup d'une dissolution possible, cette ingénieuse union entre la tradition et l'esprit moderne, entre le respect des coutumes anciennes et les droits de la souveraineté nationale, sont l'idéal du gouvernement représentatif dans les vieilles sociétés européennes, qui se transforment graduellement sans se détruire, et la république est au contraire la forme qui convient aux sociétés nouvelles qui ont fait table rase du passé. Voilà pourquoi les Anglais gardent leur monarchie, et pourquoi ils ont raison de la garder ; mais, si par malheur elle venait à périr, si la compétition des partis en faisait une cause de dissensions perpétuelles, ce n'est pas la moderne Angleterre qui hésiterait à rester en république, — ce n'est pas chez cette nation, qui malgré tous ses défauts est une nation d'hommes libres, que l'on verrait les conservateurs pousser des cris de détresse, se tourner vers tous les coins de l'horizon en implorant un maître, et s'écrier comme les apôtres dans l'Évangile : « Seigneur, sauvez-nous, nous périssons ! »

Le choix d'une forme de gouvernement n'est ni une question de théorie, ni une question de sentiment ; c'est avant tout une question d'observation politique, j'allais presque dire un problème historique. Il ne suffit pas de choisir le mécanisme le plus parfait, et de l'adapter sans discernement à tous les peuples. Comme le dit dans un livre récent un spirituel et sagace écrivain, on s'est trop attaché jusqu'à ce jour à l'étude des formes constitutionnelles, qui ne sont que les solutions d'un problème abstrait ; il faudrait s'occuper un peu davantage du « fond constitutif [1], » c'est-à-dire des circonstances, de l'état social, de l'état de l'opinion, des nécessités historiques. Il

---

1 E. Seligmann, *les Deux Folies de Paris.*

Ernest Duvergier de Hauranne

ne suffit pas de dire en général : La monarchie parlementaire vaut mieux que la république ; il faut rechercher si le pays en contient encore les éléments et en a conservé la tradition. Si cette tradition existe, c'est un crime et une folie de la détruire ; mais c'est une folie bien plus grande encore que de vouloir la restaurer lorsqu'elle n'existe plus. Or la tradition monarchique est brisée dans notre pays depuis quatre-vingts ans. Malgré notre penchant à la dictature et au césarisme dont on fait un argument pour la monarchie, la France a cessé depuis longtemps d'être une nation monarchique, sans devenir tout à fait une nation républicaine.

Quel est en effet le principe de la monarchie ? Qu'y a-t-il en elle de salutaire et de bienfaisant ? Ce n'est pas, comme son nom paraît l'indiquer, le gouvernement d'un seul homme ; à ce compte, elle ne serait peut-être pas la seule à procurer cet avantage aux nations. Le vrai principe de la monarchie, c'est l'hérédité ; c'est dans l'hérédité, et non dans le pouvoir personnel, qu'est la garantie recherchée pour l'avenir des peuples. Or le principe héréditaire est mort en France. On a essayé bien des fois de le rétablir depuis un siècle au profit des uns ou des autres ; on a toujours échoué. Tantôt c'était une révolution qui emportait le monarque, et qui engloutissait le trône avec lui ; tantôt c'était une invasion étrangère qui, suivant une expression fameuse, ramenait « dans ses bagages » une monarchie de rechange pour la nation qu'elle voulait priver de son chef ; tantôt la mort du prince amenait un changement de politique qui aboutissait à la ruine de sa dynastie ; tantôt une monarchie puissante, consacrée à plusieurs reprises par plusieurs millions de suffrages, s'effondrait brusquement sans laisser de traces, et se trouvait dédaigneusement balayée de la scène, dès que les malheurs de la patrie rappelaient la nation au sentiment de ses devoirs. Qu'on me cite depuis un siècle un seul exemple où la loi de l'hérédité ait été appliquée avec succès à deux générations de princes ; qu'on me cite une seule de nos monarchies, plus ou moins restaurées de l'ancien régime ou imitées de l'Angleterre, qui n'ait pas péri dans les mains de ses premiers fondateurs, et péri comme elle était née, soit par une révolution, soit par une guerre étrangère. Qu'on me nomme depuis un siècle, sauf Louis XVIII, dont le frère devait être bientôt renversé, un seul souverain qui soit mort dans son lit et dans son palais. Or, si l'hérédité de la couronne n'est plus qu'un vain mot dans notre pays, si le sort de l'établissement monarchique est lié à celui de l'homme qui le représente, si tout accident qui survient fait voler le trône en éclats, et entraîne à chaque fois le changement d'institutions destinées chaque fois à être éternelles, que faut-il en conclure, sinon que la monarchie a cessé d'exister en France, et qu'il est impossible de la faire revivre ? La monarchie, pour rendre service aux peuples, doit être non point un hasard d'un jour, mais une institution permanente. Le propre des bonnes institutions est de survivre aux fautes des hommes, et l'on ne saurait appeler de ce nom une forme de gouvernement qui n'est plus en France que le règne éphémère d'un homme. Ou sont alors les garanties qu'elle-nous donne ? Sur quoi repose la fausse et dangereuse sécurité qu'elle nous procure ? Elle dépend de la sagesse, du génie ou de l'heureuse étoile du prince. N'est-il pas vrai de dire que dans ces conditions la monarchie est un péril de plus, puisqu'elle endort la nation dans une sécurité trompeuse, et qu'elle l'expose sans préparation aux surprises d'un terrible réveil ? Nous en avons fait l'expérience il y a trop peu de temps pour en avoir déjà perdu le souvenir. Ne vaut-il pas mieux avoir une république régulière, où du moins les secousses sont prévues, où les changements sont périodiques et légalement accomplis, et où les pacifiques batailles électorales remplacent le tribunal sanglant des révolutions ?

D'ailleurs la république existe en fait depuis près d'un siècle ; elle est au fond de l'état social et politique de la France. La France a déjà tous les défauts., toutes les passions, toute la mobilité des gouvernements républicains ; elle a de moins qu'eux l'ordre légal, l'attachement aux institutions, le respect des droits établis, l'habitude des changements réguliers et pacifiques, l'usage ancien des libertés qui servent à régler l'existence des peuples, et qui entretiennent leur santé morale. Voilà ce qu'il faut tâcher d'acquérir en organisant, dès que nous le pourrons, une république sérieuse et raisonnée, à la place de ce régime confus et agité qui ne satisfait ni les républicains sincères, ni les monarchistes libéraux. Si l'on peut définir le régime politique de la France depuis quatre-vingts ans, au milieu de toutes les formes diverses qu'il a traversées, c'est une espèce de république sans le savoir, avec la présidence à vie, et le renouvellement à long terme : le président, c'est chacun des maîtres

Ernest Duvergier de Hauranne

que nous nous donnons l'un après l'autre ; le renouvellement, ce sont les révolutions, dont la périodicité rappelle chez nous les accidents de la nature. La monarchie et la république se succèdent comme les années de sécheresse et les années de pluie, sans produire aucun changement ni dans les. lois, ni dans les mœurs. Le temps n'est-il pas venu d'en finir avec ces fluctuations stériles ? Nous laisserons-nous tomber en décadence faute de savoir prendre une résolution virile et persévérer dans notre choix ?

Assez de révolutions ! c'est aujourd'hui le cri de tous les partis sérieux et de tous les hommes sensés. Là-dessus les royalistes et les républicains sont d'accord ; seulement les royalistes croient qu'il en faut une dernière pour éviter toutes les autres, comme ce brigand italien qui, ayant fait vœu de devenir honnête homme, demandait à la Vierge de lui envoyer quelque riche capture qui lui fournît les moyens d'être honnête. « Rentrons, disent-ils, dans la maison de nos pères ; ramenons d'abord les brebis égarées au bercail : c'est là seulement, sous le drapeau de la royauté légitime, à l'ombre du toit paternel, que la nation se reposera de tant d'angoisses, d'agitations et de crimes. » Oui, sans doute, la maison paternelle a des charmes ; mais il ne suffit pas de vouloir y rentrer, il faudrait aussi qu'elle fût encore debout. Depuis un siècle, elle est abattue, et les débris de tous les gouvernements qui lui ont succédé se sont accumulés sur ses ruines. Croit-on qu'on puisse la relever en quelques heures ? Pour la rebâtir, il faudrait beaucoup de temps et de peines ; il faudrait un plan tout nouveau qui la rendît habitable pour la société moderne, il faudrait surtout y faire entrer tous les matériaux révolutionnaires. Et alors que ? deviendrait la poésie des souvenirs ? Ce ne serait plus la maison de la famille, le berceau de la patrie ; ce serait une simple hôtellerie de passage, ouverte atout venant, et qui n'offrirait elle-même au pays qu'un gîte provisoire sur le grand chemin de la république.

C'est dans la république seule que nous trouverons un refuge contre les agitations qui nous énervent. Que la France, épuisée de révolutions, accepté enfin la révolution elle-même en lui donnant sa forme de gouvernement définitive, c'est-à-dire le gouvernement de tous par tous ou, comme disait Lincoln, « le gouvernement du peuple par le peuple et pour le peuple. » Ne craignons pas d'avouer la démocratie et de vivre avec elle. Faisons en sorte que le gouvernement de la France, au lieu d'être celui d'une faction, une sorte de forteresse dont chaque parti s'empare à son tour pour y déclarer la guerre au pays, devienne enfin la maison de tout le monde et le patrimoine commun de la nation. La république peut seule remplir ce programme ; elle est encore, aujourd'hui comme hier, le seul gouvernement qui puisse être impartial. Elle seule a pu imposer la trêve patriotique, elle seule peut encore la prolonger. Tout le monde peut la servir, jusqu'à ses ennemis eux-mêmes, et tous les jours ils en donnent la preuve. Elle seule peut réunir sous son drapeau tous les vrais conservateurs, tous les amis de la loi, c'est-à-dire, Dieu merci, la majorité du pays, sans que personne ait le droit d'invoquer ses préférences pour manquer à l'appel. Ces vérités ont été tournées en ridicule ; elles n'en restent pas moins profondément vraies. Les ennemis eux-mêmes de la forme républicaine lui rendent cet hommage involontaire, puisqu'en raillant sa faiblesse ils lui laissent volontiers la tâche de sauver le pays, et qu'ils ajournent leurs projets de révolution à l'heure où nos malheurs seront réparés.

La république devrait inspirer d'autant moins de défiances qu'à la différence de la monarchie elle n'appartient pas forcément à telle opinion plutôt qu'à telle autre. Elle appartient naturellement à tous, à tous ceux du moins qui s'occupent des affaires publiques et qui consentent à la soutenir ; elle n'exclut de ses faveurs que ceux qui se font délibérément et publiquement ses ennemis. Elle ne tombera donc aux mains de la démagogie que si les conservateurs lui font une guerre systématique, ou refusent, par un dédain puéril, de s'associer à ses efforts. Elle n'est point démagogique ou conservatrice par essence ; elle est telle que la font les hommes qui la gouvernent et qui obtiennent la confiance du pays. Elle ne décourage aucun parti, puisqu'elle leur permet à tous de parvenir à la sueur de leur front. A l'œuvre donc ! hommes modérés qui craignez de perdre votre influence, et qui vous plaignez de l'injustice et de l'inintelligence de votre pays. Le pays a plus de bon sens que vous ne pensez. La république est dans vos mains, si vous vous donnez la peine de la mériter ; elle vous échappera au contraire, si vous continuez à la combattre et à désespérer de son avenir.

Ne voit-on pas d'ailleurs que la république est, dans une société troublée, le plus énergique instrument de la défense de l'ordre et

Ernest Duvergier de Hauranne

des lois ? Les conservateurs sont bien ingrats, s'ils né reconnaissent pas les services qu'elle leur rend tous les jours et la force invincible qu'elle leur prête quand leurs véritables intérêts sont menacés. La république assurément ne saurait faire comme certaines monarchies, qui vivent dans de continuelles alarmes et que le moindre bruit épouvante ; mais elle n'en est que plus forte devant le péril. Si vous en doutez, ouvrez l'histoire de notre temps. La plupart des royautés que nous avons eues ont succombé devant des troubles qui semblaient d'abord à peine sérieux ; la dernière de nos monarchies s'est écroulée sous le mépris public sans pouvoir verser une goutte de sang pour sa défense. La république au contraire a triomphé par deux fois des plus terribles convulsions civiles, de celles qui font, comme on dit, trembler la société jusque dans ses fondements. Grâce au concours de tous les citoyens, qu'elle peut seule obtenir au même degré, elle a montré non-seulement une vigueur incomparable dans l'action, mais encore, au lendemain de la victoire, une impitoyable fermeté dans le châtiment. Quelle est donc la monarchie qui aurait pu faire un aussi terrible exemple des crimes de la commune ? Si le descendant de nos anciens rois s'était trouvé sur le trône, il aurait imité l'exemple de son aïeul Henri IV, qui faisait passer du pain aux Parisiens insurgés ; le lendemain il aurait proclamé l'amnistie des coupables, tandis que la république les livre tous à la justice des lois, et se contente d'exécuter froidement la sentence. Elle seule peut agir ainsi, parce qu'elle est un gouvernement impersonnel, et que, n'ayant pas d'intérêts dynastiques, elle ne tient compte que de l'intérêt national. Les conservateurs le savent bien, et ils en profitent ; c'est toujours à la république qu'ils confient le soin de réparer leurs fautes. Elle apparaît à certaines heures, quand les monarchies s'écroulent, pour liquider leur succession et remettre l'ordre dans la maison. On la soutient tant qu'il y a du danger, et qu'il est commode de se mettre à l'abri derrière elle ; puis, quand elle a rétabli la paix et le travail, sauvé la société, relevé la patrie, on la désavoue, on la dénonce au pays comme la cause de tout le mal, et on la chasse ignominieusement comme une servante infidèle.

Eh bien ! ce rôle sacrifié, cette tâche ingrate et laborieuse, elle l'accepte de bon cœur, à la condition toutefois qu'on ne l'oblige pas tous les vingt ans à recommencer son œuvre ; tout ce qu'elle demande, c'est d'être jugée par ses fruits et admise à *l'essai loyal* ; j'entends l'essai loyal des institutions républicaines sincèrement pratiquées, et non pas l'intermède confus qui en usurpe trop souvent le nom. Elle n'a pas seulement à rétablir l'ordre matériel, à réparer les finances, à refaire l'armée, à libérer le sol français, à rendre à la nation le sentiment de la loi et de la discipline ; elle a encore un plus grand service à rendre à la société française en lui procurant l'ordre moral. Il ne faut pas se faire d'illusions sur l'avenir lie la société française et se figurer qu'avec un heureux mélange de force et de finesse, on puisse changer son caractère et lui faire remonter le cours des âges. La France est désormais une démocratie qui se démocratisera chaque jour davantage. Quand nous lui cherchons un gouvernement, nous n'avons pas toute la liberté du choix : il faut choisir entre les deux formes des sociétés démocratiques, entre la république légale et le césarisme, ou bien il faut prendre la démocratie au sérieux et se mettre à sa tête pour l'améliorer, ou bien la confisquer, la pervertir et la dominer par ses vices, comme faisait le gouvernement impérial. La démocratie ou la démagogie, telle est l'alternative où nous sommes placés en France. Enfin, pour poser la question en termes plus clairs et désigner chacun des adversaires par son nom, nous n'avons le choix qu'entre la république et l'empire.

Parmi les conservateurs sensés, qui voudrait à présent ramener l'empire ? On sait comment ce régime dissolvant protège la société. Tout son art de gouvernement consiste dans la vieille maxime du machiavélisme vulgaire, « diviser pour régner. » Nous l'avons vu pendant vingt ans ameuter les unes contre les autres les classes bourgeoises et les classes populaires, encourager tour à tour la démagogie et la réaction, creuser un abîme sous nos pieds pour se rendre nécessaire et pour obtenir de nous l'obéissance de la peur. Pour dominer seul, il a détruit tout ce qui lui faisait ombrage, et, pensant qu'il aurait meilleur marché des agitations populaires que des résistances conservatrices, il a asservi et annulé toutes les forces qui pouvaient le soutenir. On s'est aperçu trop tard de l'inanité d'une puissance fondée sur l'abaissement et sur l'affaiblissement du pays. Non, les conservateurs n'oublieront pas cette leçon. Ils ne se laisseront pas séduire par le souvenir d'une tranquillité factice, qui leur cachait le danger sans cesse grandissant de la société française,

Ernest Duvergier de Hauranne

et qui devait fatalement aboutir aux plus grands malheurs. Ils secoueront leur coupable indolence, et, plutôt que de laisser le césarisme impérial achever la ruine de la France, ils aimeront mieux la sauver en s'alliant à la république.

Nécessaire à l'intérieur pour maintenir l'ordre social, la république n'est pas moins utile au dehors pour assurer la paix. L'étranger, dit-on, se méfie d'elle, et elle ne trouvera pas d'alliances en Europe ; le voisinage d'une république menace toujours plus ou moins les trônes, et les rois de l'Europe auraient du plaisir à voir un de leurs frères régner sur la France. — Cela est possible pour les princes, mais cela n'est pas vrai des gouvernements. Quelle idée les politiques qui tiennent ce langage se font-ils donc de l'Europe moderne ? Ne soyons pas dupes de cet anachronisme enfantin. Nous ne sommes plus au temps de la sainte-alliance, et les gouvernements qui nous entourent se soucient peu que la France s'appelle royauté, empire ou république. La politique de la dernière monarchie n'a pas été faite pour leur inspirer confiance, et, si nous leur demandions leur avis sur nos affaires, ils nous diraient certainement que ce qu'ils redoutent le plus, c'est le gouvernement d'un conspirateur couronné, occupé à miner tous les trônes. Si enfin nos ennemis faisaient à la république l'honneur de la craindre, serait-ce donc une raison pour la répudier ?

Résumons-nous en un mot : la république est inévitable, ou elle ne peut être évitée que par la dictature et par la honte. Elle seule peut conjurer le danger social ; elle seule peut offrir un rendez-vous commun aux libéraux et aux patriotes de tous les partis. Si les conservateurs sont las du provisoire et qu'ils veuillent faire dès à présent une constitution définitive, ils ne peuvent constituer qu'une république. S'ils s'y décidaient malgré leurs répugnances, ils ne rendraient pas seulement au pays un service dont ils seraient récompensés par l'histoire ; ils feraient encore une chose conforme au bon sens, conforme aux exemples du parti conservateur dans tous les pays libres, conforme à tous leurs intérêts légitimes, et dont ils trouveraient déjà une première récompense à l'époque des élections prochaines.

Partie II

Partie III

Ce ne sont donc pas les partisans de la forme républicaine qu'il faut accuser de spéculer sur les dangers du provisoire et de s'opposer à la fondation d'un gouvernement définitif. S'ils se trompent, comme on le prétend, ils savent du moins ce qu'ils veulent, et ils agissent comme ils parlent : c'est de l'autre côté que se rencontrent les hésitations et les résistances. Il y a dans l'assemblée nationale un groupe d'honnêtes gens qui ont compris la nécessité de placer les principes conservateurs sous la garde même des institutions républicaines, et qui mettent leur honneur à les faire prévaloir en les prenant pour le fondement de la république. Sur ce terrain, qu'ils n'abandonneront pas, parce que le pays lui-même est avec eux, ils sont prêts à se rencontrer et à contracter alliance avec tous les partis raisonnables. Ils ont tendu la main à la gauche modérée, qui est dès à présent pour eux une amie fidèle, et dont le but est le même que le leur. Ils la tendent en même temps au centre droit, qui représente la droite modérée et le libéralisme parlementaire. Cette union mettrait fin à toutes les difficultés de la situation présente, à la condition cependant qu'elle se fît sous le drapeau républicain. Ce n'est pas la faute du centre gauche si ce contrat n'a jamais pu se conclure, et si les partisans de la monarchie libérale lui ont toujours demandé de renoncer formellement ou tacitement à son programme, en répudiant toute communauté de vues avec les républicains de la veille. Le centre gauche veut fonder la république conservatrice, et si, pour mener son œuvre à bonne fin, il préfère se passer du concours de certains républicains trop célèbres, il ne croit pas cependant que la république puisse se passer de républicains et s'unir, pour leur faire la guerre, à leurs ennemis.

On sait que depuis bien des mois il y a des pourparlers fréquents entre les deux centres, et que jusqu'à présent ces négociations n'ont donné aucun résultat sérieux. On pourrait même dire au contraire qu'elles ont élargi dans ces derniers temps le fossé qui les sépare, et qui est en apparence si facile à combler. Surtout depuis la dernière démarche collective des chefs de la droite auprès de M. le président de la république et depuis la déclaration de guerre qui s'en est suivie, sans amener heureusement d'effet grave, le centre gauche

Ernest Duvergier de Hauranne

et le centre droit semblent avoir renoncé à tout espoir d'entente et resserré plus étroitement leurs liens respectifs, qui avec la gauche, qui avec la droite. Le centre gauche et le centre droit sont en effet des frères ennemis ; ils se combattent, bien qu'ils aient toutes les mêmes idées générales, et qu'ils votent souvent ensemble sur la plupart des questions. Ce qui les sépare et en fait en ce moment des adversaires trop décidés, c'est qu'ayant tous les mêmes principes ils ne se proposent pas le même but. Tandis que le centre gauche travaille surtout à effacer les vieilles distinctions de parti et qu'il se consacre sans réserve à l'œuvre de pacification qu'il a entreprise, le centre droit, gardant les instincts belliqueux et la tactique du régime parlementaire, ne cherche qu'à gagner des recrues pour la grande levée de boucliers qu'il organise sinon précisément contre la république, qu'il renonce en ce moment à attaquer de front, du moins contre le gouvernement de M. Thiers. Le centre droit est une opposition, le centre gauche est un parti de gouvernement ; voilà le secret de leurs inimitiés et ce qui les rend peut-être irréconciliables aujourd'hui. C'est toujours sur les frontières que les haines nationales sont le plus vives malgré les affinités et le voisinage ; il en est de même dans les assemblées politiques : on se déteste d'autant plus qu'on regrette davantage d'être séparés et qu'on aurait le plus besoin de s'entr'aider et de s'entendre.

Tout nouvel essai d'alliance et d'action commune sans d'importantes concessions de part ou d'autre ne pourrait en ce moment que ranimer les hostilités. Plus les équivoques se dissipent, moins les compromis deviennent possibles. Il n'y a, j'en ai peur, que deux moyens de faire cesser la lutte : ou bien que le centre gauche passe à l'opposition et se joigne à la droite pour renverser le gouvernement de M. Thiers au profit de je ne sais qui, ou bien que le centre droit passe à la république avec armes et bagages, promette loyalement de la soutenir, et travaille à l'organiser sur des bases durables. Sans cette espèce d'abdication de l'un ou de l'autre des combattants, il n'y a guère d'apparence que la paix puisse être signée. Le centre gauche, fort de son patriotisme et de sa fidélité au gouvernement, s'y refusera toujours ; le centre droit s'y refuse également sinon par conviction monarchique, du moins par amour-propre de parti. Nous laissons au bon sens du lecteur le soin de décider lequel des deux a tort ou raison.

Lorsqu'il y a quelques semaines les chefs du centre droit firent un effort pour enrôler le centre gauche dans la piteuse croisade qu'ils méditaient de faire contre l'administration de M. Thiers, ils les engagèrent, au nom des principes conservateurs, à se joindre à eux pour former une majorité sainement libérale, sur laquelle le gouvernement pût désormais s'appuyer sans réserve. Le centre gauche ne leur demanda qu'une chose en échange : une promesse d'adhésion à la république. Cette promesse d'adhésion fut refusée par les chefs du centre droit. Il ne s'agissait pas, suivant eux, de monarchie ou de république ; c'était là une question de peu d'importance, sur laquelle chacun pouvait réserver ses convictions. Il s'agissait de conservation sociale et de liberté parlementaire ; personne, à gauche comme à droite, ne pouvait refuser son concours à une telle cause. La monarchie, ajoutaient-ils enfin, n'était pas possible à cette heure, la république n'était pas en cause, et il était inutile d'en parler quand personne ne la menaçait. — Eh quoi ! c'est au lendemain des manifestes fusionnistes, après toute une année d'efforts pour renverser ou pour entraver la république, que les chefs du centre droit viennent nous dire que la république n'est pas en cause, et que nous n'avons pas à leur demander compte de leurs secrètes espérances ! Ils croient avoir acquis des titres suffisants à notre confiance en déclarant qu'ils réservent leurs convictions et leurs entreprises pour des occasions meilleures ! Non certes, les républicains conservateurs ne devaient pas se donner sans conditions aux chefs des partis monarchistes ; ils avaient le droit de leur demander un gage avant de consentir à grossir les rangs de cette majorité fictive dont on parle toujours et qu'on ne voit jamais. Prétendait-on que par complaisance ils consentissent à devenir des dupes ? Pouvaient-ils enfin rien exiger de moins qu'une simple adhésion verbale ? Et puisque le centre droit regardait la royauté comme impossible, pourquoi cette déclaration dépassait-elle son courage ? Il faut respecter tous les scrupules de conscience ; cependant il est permis d'en tirer la morale. Il est permis de se tenir en garde contre ceux qui fuient les situations claires. Laissons encore une fois au bon sens public le soin de juger les torts de chacun.

Il faut d'ailleurs le reconnaître : dans les hésitations et les équivoques de la droite, il y avait au moins autant de découragement

Ernest Duvergier de Hauranne

et de dépit que de ruse et de finesse. Ses chefs avaient beaucoup délibéré et semblaient parfaitement résolus, mais ils n'avaient pas encore un plan de campagne arrêté. Ils étaient poussés par l'amour-propre blessé plutôt que par un calcul sérieusement prémédité. En cela, comme toujours, ils n'avaient qu'une politique ; ils voulaient affaiblir le gouvernement, il leur répugnait de reconnaître la république. Ils n'en voyaient pas plus long, et ils allaient bravement devant eux, obéissant à leurs préjugés, à leurs ressentiments et à leur mauvaise humeur, sans trop savoir ce qui en résulterait, la paix ou la guerre. Tout porte à croire qu'ils étaient presque sincères en avouant le terrain perdu par la monarchie et l'impossibilité où ils se trouvaient de songer présentement à la rétablir ; mais je ne sais quelle espérance obstinée, se mêlant aux conseils de l'orgueil offensé, leur défendait d'ajouter à cet aveu d'impuissance un acte d'adhésion formelle à la république. La vérité est qu'ils marchent au hasard et qu'ils essaient, par leurs agitations, de se faire illusion sur leur faiblesse. Ils seraient eux-mêmes bien embarrassés de dire exactement ce qu'ils veulent. La monarchie, ils n'y pensent pas en ce moment ; la république, ils n'en veulent pas prononcer le nom ; le provisoire, ils s'en plaignent tous les jours comme d'une insupportable tyrannie. Que veulent-ils donc alors ?

Le centre droit est un parti qui boude ; ne pouvant réaliser ce qu'il désire, il empêche que rien ne se fasse. Les questions de personnes passent pour lui bien avant les questions nationales. Il s'épuise à chercher partout des expédients bâtards pour échapper à la république, sans recourir à la monarchie. Les uns accepteraient le mot, pourvu qu'on n'eût pas la chose ; les autres consentiraient à la chose, pourvu que le mot fût proscrit ; d'autres enfin ne tolèrent à aucun prix ni le mot, ni la chose. Il y en a qui se résigneraient de bon cœur, pourvu que la république eût pour président tel ou tel personnage de leur choix. Si c'est là tout le bagage de l'opposition, qu'elle attende au moins pour déclarer la guerre au gouvernement l'heure prochaine de la libération du territoire. Que momentanément elle se résigne à n'exercer qu'une partie de ses droits parlementaires et à se contenter d'une souveraineté un peu idéale. Il en est ainsi de toutes les assemblées uniques, dont rien ne limite les droits : leur toute-puissance même est l'origine de leur faiblesse, car elle les oblige à abdiquer tous les jours en détail

Partie III

entre les mains de l'homme à qui elles délèguent le pouvoir. Le chef du gouvernement changerait qu'il en serait encore de même. Ne nous révoltons pas contre la force des choses, ce qui est la pire des folies humaines ; supportons-nous les uns les autres, et laissons du moins sans trop d'impatience le pays décider entre nous.

La sagesse du pays dépend d'ailleurs beaucoup de la nôtre. Il ne s'agit pas tant, comme l'opposition se le figure, de s'emparer des ministères et de mettre un homme de paille à la présidence lors des élections prochaines que de donner de bons exemples à la France. La question, je le veux bien, n'est plus de savoir si l'on votera pour la monarchie ou pour la république : là-dessus, le choix du pays n'est pas douteux à l'heure qu'il est, et, s'il avait encore une hésitation, l'opposition de droite se chargerait de la vaincre. Mais les futures élections seront-elles modérées ou violentes ? C'est de là que dépend le salut de tout le monde et l'avenir de la république elle-même. Or elles seront forcément violentes, si les hommes qui représentent le parti conservateur ne donnent pas eux-mêmes l'exemple de la modération et de la prudence. Peut-être au fond certains d'entre eux préfèrent-ils les solutions violentes, parce qu'ils voient dans le succès du radicalisme un espoir de réaction prochaine. Ils pensent que le bien pourrait sortir de l'excès du mal, et ils spéculent d'avance sur les désordres qu'ils comptent provoquer. Un député royaliste n'écrivait-il pas dans un ouvrage récent [1] que l'avènement de la droite au pouvoir ne manquerait pas de soulever des troubles, mais qu'il ne fallait pas s'en inquiéter, car ces troubles mêmes feraient sa force en lui fournissant l'occasion de réunir tous les hommes d'ordre pour écraser le parti radical ? Ainsi l'on n'hésiterait pas à provoquer la guerre civile pour se donner l'occasion de vaincre, et les hommes qui font ces calculs patriotiques osent encore se dire et se croire conservateurs ! ils ne sont que les imitateurs maladroits de la politique à outrance et de la tactique immorale de l'empire. L'empire, comme eux, préférait les opinions violentes aux opinions modérées, et il ne craignait pas d'exciter des émeutes, de les payer même au besoin, pour effrayer le pays et conserver la dictature. Si les événements n'ont donné de leçons à personne, si l'on prétend encore gouverner la France par la peur et sauver la société par la guerre civile, qu'on nous ramène

---

1 *Quelques mots sur la situation,* par le marquis de Castellane.

Ernest Duvergier de Hauranne

aux carrières ! qu'on nous rende le césarisme impérial, qui du moins n'avait pas le défaut de l'hypocrisie, et ne se cachait pas sous le masque de la liberté !

Heureusement tous les conservateurs ne font pas ce dangereux calcul. Il y a parmi eux des libéraux sincères, des patriotes qui veulent la conciliation et l'apaisement du pays. Ceux-là n'ont qu'un parti à prendre, c'est de se rallier au centre gauche et de soutenir le gouvernement que nous avons. Il y avait dans l'assemblée nationale une majorité toute faite, et qui semblait devoir se former tout naturellement par l'union des deux centres libéraux avec la gauche républicaine modérée. Si les partis s'étaient groupés de cette façon, la majorité se plaçait d'emblée au centre de gravité de l'opinion publique, et elle y devenait inexpugnable. En repoussant cette combinaison, en poursuivant la chimère d'une majorité monarchique, composée d'accord avec la droite pure, et en contradiction avec le pays, les parlementaires ont déterminé l'opinion à se jeter du côté gauche, et ils ont rendu plus difficile la tâche d'un gouvernement conservateur, qui veut rester neutre entre les partis, mais qui doit tenir compte de leurs vœux, tout en les modérant dans leurs excès. Puisqu'ils redoutent la république radicale, ils n'ont qu'à s'appuyer sur la république modérée : à défaut de ce qu'on désire, il faut savoir se contenter de ce qu'on a. S'ils persistent à voir dans la forme républicaine un péril pour notre avenir, qu'ils la combattent du moins avec ses propres armes. Qu'ils en finissent, en un mot, avec cette politique où l'on ne sait trop ce qui domine, du procureur ou du paladin. Battus d'avance sur le terrain de la monarchie, ils seraient au contraire invincibles sur le terrain de l'ordre et de la loi.

Il est peut-être un peu tard pour se raviser. Après avoir mis tant de solennité dans leur déclaration de guerre, ils ne sauraient se contenter d'une conversion silencieuse et d'un tacite aveu de leur erreur. Pour rassurer l'opinion publique alarmée, il ne faudrait pas moins qu'un manifeste, une sorte de confession publique qui coûterait beaucoup à leur amour-propre et nuirait tant soit peu à leur prestige. On comprend tout ce que cette humiliation aurait de pénible pour ces fiers doctrinaires du centre droit, dont les convictions altières ne savent pas plier devant la nécessité, ne se laissent pas abattre par l'infortune, et qui se retrouvent au lendemain des malheurs de la patrie tels qu'ils étaient jadis au temps de leur pouvoir, sans avoir rien appris ni rien oublié. Cependant la vraie dignité, comme la bonne politique, consiste à savoir reconnaître et réparer ses fautes ; puisqu'ils ignorent comment on pratique l'art des concessions opportunes, l'aristocratie anglaise, qu'ils se piquent de prendre pour modèle, leur enseignera la manière de ménager son influence en se résignant à céder à temps. S'ils se laissent persuader par ces exemples, ils peuvent encore rendre de grands services à leur cause et surtout à leur pays. Ils peuvent contribuer à empêcher le trop rapide avènement du parti radical, c'est-à-dire le plus grand malheur qui menace aujourd'hui la république et la France, — car derrière le radicalisme, dont le règne serait court et troublé, il faut apercevoir la réaction que le radicalisme amènerait bientôt, et la réaction sous sa forme la plus détestable, la plus immorale, la plus humiliante, sous celle de la démagogie bonapartiste, érigée par un plébiscite et soutenue par des proscriptions.

C'est là qu'est le péril social, et il ne faut pas le chercher ailleurs. Pour qui sait aller au fond des choses et ne se laisse pas aveugler par de vaines terreurs, le radicalisme en lui-même n'est pas aussi terrible qu'on paraît le croire ; c'est par ses conséquences surtout qu'il est redoutable. Les doctrines antisociales ne prévaudront jamais, parce qu'elles ne sont pas viables. Rien n'est plus vague d'ailleurs que ce mot de *radicalisme* et de plus étendu que le champ qu'il embrasse. Tel se dit radical, épouvante par là les conservateurs, dont tout le crime consiste à professer certaines idées admises par beaucoup de libéraux modérés, et qui certainement prévaudront dans l'avenir, telles que l'instruction obligatoire, la séparation de l'église et de l'état, la liberté commerciale et l'impôt sur le revenu. C'est là, peu s'en faut, tout le programme et tout le bagage sérieux du radicalisme. D'autres sont des théoriciens épris d'un idéal généreux, mais étrangers à la politique positive, et incapables d'exercer le pouvoir ; d'autres enfin, qui déshonorent le parti sous le drapeau duquel ils se rangent, sont de purs ambitieux, non sans passions, mais sans conscience, et qui poursuivent la fortune en pratiquant l'industrie des révolutions. Si la république s'établit en France, on verra cette tourbe révolutionnaire passer dans le camp des anciens partis et faire la guerre au régime nouveau. Alors le parti radical épuré deviendra l'aile gauche de la république, il y

Ernest Duvergier de Hauranne

représentera l'élément réformateur, et méritera d'occuper à son tour le gouvernement du pays. En attendant cet avenir, moins éloigné peut-être qu'on ne le pense, le parti radical ne doit pas prétendre à tenir les rênes du gouvernement. Il faut le tenir à l'écart du pouvoir pendant toute la période de fondation de la république, et tous les républicains raisonnables doivent comprendre que c'est pour eux comme pour les conservateurs une question de vie ou de mort.

Ce n'est pas à dire que le parti radical, si le contre-coup des intrigues royalistes le faisait parvenir demain au pouvoir, dût commettre fatalement beaucoup d'excès et de folies. Il est probable au contraire qu'il saurait s'en garder, et que ses chefs étonneraient le monde par leur fidélité aux vieux errements et par leur complète absence d'originalité politique. Autrement le pays, qui est foncièrement conservateur, quoiqu'on le qualifie trop souvent d'ingouvernable, ne les souffrirait pas longtemps au pouvoir. C'est justement parce que le pays est conservateur que les radicaux l'alarmeraient par leur présence aux affaires et fourniraient des armes à la réaction. Ils sauraient se garder des violences matérielles sans toutefois savoir dédaigner la fausse popularité que l'on acquiert par certaines déclamations sonores qui sont le jargon accoutumé des sociétés démocratiques, mais dont les hommes sérieux et les chefs de parti devraient au moins s'abstenir. De cette façon ils déferaient par leurs paroles le bien qu'ils pourraient faire par leurs actes, et malgré les intentions les plus conciliantes ne parviendraient point à pacifier la nation. Ces hommes, dont l'influence grandit outre mesure grâce aux fautes de leurs adversaires, ont un devoir à remplir envers la patrie et presque envers eux-mêmes : c'est de ne pas se précipiter impatiemment au pouvoir à la première occasion qui leur serait offerte, et de ne pas trop se laisser séduire par l'attrait des succès faciles. La fondation de la république est une œuvre de longue haleine pour laquelle il est besoin de toutes les forces du pays. Une république de passage peut être une aventure révolutionnaire tentée par une dictature de hasard ; mais la république définitive doit être un gouvernement qui réunisse tout le monde, et il ne faut pas qu'elle tombe dans des mains qui en feraient, même en apparence, le gouvernement d'une faction.

Lorsqu'on s'élève à une certaine hauteur au-dessus des questions personnelles, des exagérations de l'esprit de système et des aveugles fureurs des partis, on ne peut s'empêcher d'éprouver un douloureux étonnement en voyant combien les nations aggravent à plaisir les difficultés de leur existence et les incertitudes de leur destinée. Sans les passions et les routines qui troublent en général le jugement des hommes d'état, ils arriveraient bien vite à reconnaître qu'il n'y a pour tous les partis qu'une seule et même politique possible, parce qu'il n'y a qu'une seule politique honnête et une seule politique d'avenir. On peut différer sur les détails et dans les affaires de chaque jour ; mais pour les grands traits qui fixent de temps à autre la destinée des peuples il n'y a jamais à la fois qu'un parti à prendre, et si tous l'adoptaient avec sagesse, tous à la fois y trouveraient leur compte. Cette politique, est-il besoin de le répéter ? est aujourd'hui celle de la république conservatrice. Peut-être ne prévaudra-t-elle pas facilement, mais il n'est pas douteux qu'avec le temps elle ne finisse par prévaloir. Espérons même que le triomphe n'en est point trop éloigné, et que, malgré l'absurde acharnement des factions, malgré les maladresses des conservateurs, malgré l'inexpérience et l'ardeur du parti radical, le pays, qui est sage, qui ne songe qu'à son avenir, qui n'est le complice d'aucune ambition personnelle, qui ne comprend rien aux passions parlementaires, saura se maintenir à égale distance de toutes les exagérations. Espérons qu'à défaut de l'assemblée actuelle, dont l'obstination paraît difficile à vaincre, une chambre nouvelle, élue parmi les hommes modérés, contractera avec la république définitive, non pas un mariage de passion, ce qui est toujours dangereux, mais un mariage de raison, entouré de toutes les garanties qui font les bons ménages et les peuples libres.

Ce jour-là seulement on pourra dire que l'ère des révolutions est close, et cette affirmation banale de tous les gouvernements nouveaux deviendra enfin une vérité. Ce sont les monarchies qui, dans le siècle et le pays où nous vivons, suivant l'admirable expression de Royer-Collard, sont « des tentes dressées pour le sommeil. » La république seule peut être le gouvernement définitif des sociétés démocratiques. Autant il est imprudent et inutile de hâter les révolutions quand rien ne les réclame et qu'elles peuvent être évitées, autant il serait puéril de ne pas les reconnaître lorsque l'opinion publique s'y rallie, et lorsqu'elles viennent à s'imposer par la logique même de l'histoire.

Ernest Duvergier de Hauranne ISBN : 978-1533555991

www.ingramcontent.com/pod-product-compliance
Lightning Source LLC
Chambersburg PA
CBHW062028280526
45787CB00005B/2249